RÉPONSE CRITIQUE

A LA BROCHURE

DE M. LE Vte DE CHATEAUBRIANT,

SUR

LA MORT DU ROI.

Aliquando bonus dormitat Homerus.

PRIX : 1 FRANC.

PARIS,

CHEZ LES MARCHANDS DE NOUVEAUTÉS,

ET LES LIBRAIRES DU PALAIS-ROYAL.

SEPTMEBRE 1824.

IMPRIMERIE DE DAVID, RUE DU FAUBOURG POISSONNIÈRE, N° 1.

RÉPONSE CRITIQUE

A LA BROCHURE

DE M. LE Vᵗᵉ DE CHATEAUBRIANT,

SUR LA MORT DU ROI.

———

Notre auguste monarque était encore, il conservait un souffle de vie qu'il signalait par des actes de clémence et de vertu. Il paraît néanmoins que, dans ces momens de crise et d'anxiété, M. le vicomte de Châteaubriant invoquait les inspirations d'une muse funèbre, qu'il se représentait d'avance le deuil du royaume, l'appareil ténébreux qui allait couvrir la France, lorsque la mort aurait éteint les derniers rayons de l'astre qui la protégeait; et quoique sa pâle lueur annonçât son déclin, on peut douter que M. le Vicomte ait payé un noble tribut à la mémoire du prince qui l'avait honoré de ses faveurs.

Si cependant on suppose assez de génie à l'auteur pour écrire dans quelques heures des pensées qui semblent être le fruit de la méditation ; si l'on suppose, d'un autre côté, la typographie assez expéditive pour nous transmettre avec autant de célérité les réflexions du noble pair, nous pourrons nous écrier, *stupete gentes*. Qui ne sera pas étonné de la vigueur que prenait sa plume, dans un moment où tous les cœurs étaient dans la consternation, et où la presse ne gémissait que de la brochure de M. le Vicomte ? On en peut assigner comme preuve convaincante le silence que gardèrent ce jour-là tous les écrivains de la capitale. L'Académie elle-même, qui perdait un chef aussi puissant et aussi éclairé, se tut. Les hommes sages ont pensé que l'éloge d'un roi de France ne pouvait se tracer dans une matinée ; ils lui réservent un monument plus élevé et plus durable. Ainsi ne cherchons pas de milieu : ou l'auteur a composé sa brochure avant le 16 septembre, ou dans les premières heures de cette fatale journée. Dans le premier cas, il me semble qu'il aurait dû écarter de son imagination de pareils tableaux, il aurait dû frémir d'une semblable perte !... Quel enfant voyant la mort planer sur la tête de son père, aurait le courage de la contempler dans ses ravages, et de peindre ses derniers coups avant qu'elle eût frappé. Non ; le cœur palpite dans ce moment, et la sensibilité se trouve absorbée par la douleur. L'homme religieux devait plutôt joindre ses vœux aux prières que toute la France adressait à l'Éternel !... Et certes celui qui célébra les merveilles du christianisme, qui n'a pas oublié l'histoire d'Ézéchias, et qui croit à la résurrection de Lazare, pouvait supposer assez de puissance au Dieu de saint Louis, pour prolonger les jours de son fils.

Quant à la deuxième hypothèse, elle est trop éloignée de la vraisemblance pour qu'on puisse l'admettre, excepté que M. de Châteaubriant daigne nous expliquer ce phénomène.

Le noble pair, dans cette élégie, qui porte néanmoins le type de son génie, a suivi son élan jusqu'à l'hyperbole. Tel est son début :

« Le roi est mort... Jour d'épouvante où ce
» cri fut entendu il y a trente ans pour la der-
» nière fois dans Paris ! La monarchie va-t-elle
» se dissoudre? la colère céleste s'est-elle de
» nouveau déployée sur la France? Où fuir, où
» se cacher devant la terreur et l'anarchie? »
Ces derniers mots sont terribles et romanti-
ques, mais aussi vains que les sons d'une cloche solitaire. Les rênes de l'état ne pouvaient point

tomber dans des mains étrangères, la chute de Louis ne pouvait ébranler le trône, puisque Charles X le soutenait, comme le prouvent ces mots : *le roi est mort, vive le roi!*

Il est donc fort inutile de rappeler le souvenir d'une orageuse révolution. Puisqu'elle n'existe plus, pourquoi parler du néant? pourquoi lever la pierre qui couvre les tombeaux? En rappelant les catastrophes du dernier siècle, M. de Châteaubriant veut-il imposer à l'auguste famille un double deuil? lorsque les bourreaux et les victimes ont comparu devant le tribunal suprême, que la mort a effacé leurs traces, est-il permis d'évoquer leurs ombres? Ne devrait-on pas au contraire déchirer ces pages sanglantes, ou du moins placer, entre le passé et l'avenir, le fleuve de l'oubli.

Plus loin, l'auteur relève les qualités distinctives de Louis XVIII, il le représente tel qu'il parut en France lorsque le palladium impérial fut renversé. « Un peuple tout ému, tout » enivré de la gloire des armes voit, avec sur- » prise, un vieux Français exilé venir se placer » naturellement à sa tête, comme un père qui, » après une longue absence, rentre dans sa » famille, ne supposant pas qu'on puisse lui

» contester l'autorité; Louis XVIII n'était point
» étonné des grandeurs nouvelles, des miracles
» récens de la France; il apportait en compen-
» sation mille ans de nos antiques grandeurs,
» de nos anciens prodiges. Il ne craignait pas
» de compter avec le siècle et la nation, assez ri-
» che pour payer son trône. » La France, à l'avè-
nement de Louis XVIII, ne mit pas en balance,
comme semble le dire M. de Châteaubriand,
les trophées de l'usurpation avec les droits de
son roi; le peuple français connaissait trop bien
le génie, la noblesse et les malheurs des Bour-
bons, pour établir, comme Pepin, des ques-
tions sur le droit de porter la couronne. Elle
reçut l'auguste famille à bras ouverts, des
accens unanimes proclamèrent Louis XVIII.
La France n'était plus une nation gauloise; elle
était toute moderne, et trouva dans son monarque tous les principes d'une sage politique. Héritier de ses ancêtres, il partage sans
doute leur gloire et leur valeur; mais on ne
saurait, avec M. de Chateaubriant, regarder
comme *mille ans de nos antiques grandeurs*,
tous les siècles qui se sont écoulés, depuis Pha-
ramond jusqu'à nos jours. Si les assassinats, les
incestes, les adultères, etc., que l'on remarque

dans l'histoire des premiers rois, ne flétrissent point l'éclat de la couronne; on ne saurait non plus leur donner la place que les purs diamans doivent y occuper. Certes, parmi *les mille ans de nos antiques grandeurs,* on ne doit pas compter le règne de Clotaire, de Childebert, etc., et la nullité des rois appelés *fainéans*; nés dans un temps de barbarie, ils ne pouvaient point hâter la marche de la civilisation. Dans un siècle de fer, il est impossible que le prince n'ait pas quelqu'empreinte de férocité. Mais que l'illustre écrivain se pénètre que, pour réunir les esprits, on ne saurait rapporter les faits avec trop d'exactitude. L'histoire de France n'a pas besoin, comme la poésie, d'un merveilleux emprunté; sa contexture offre tant de héros !.... Comptons les exploits, non les *années*; au lieu de dire Louis XVIII apportait *en compensation mille ans de nos antiques grandeurs, de nos anciens prodiges,* nous dirons des millions de vertus, des millions de prodiges. L'ardeur de Charles Ier qui triompha de tous ses ennemis, alluma le flambeau des sciences, abolit le culte des druides, rendit tributaires tous les rois de l'Europe, releva sans doute la France de cette espèce de léthargie où l'avaient plongée des mo-

narques trop indolens; mais lorsque la révolution ne cesse de répéter qu'elle a délivré la
France d'un joug qui pesait sur elle depuis
plusieurs siècles; que la féodalité avait depuis
long-temps usurpé les droits du peuple; que
les Français étaient *serfs* sous les descendans
de saint Louis; doit-on se contenter de lui
opposer mille ans de nos antiques grandeurs?
C'est précisément parce que la question fut
agitée dans un sens contraire, que le peuple
s'éleva contre la puissance des grands. L'aris-
tocratie fut regardée comme l'ouvrage de la
royauté, et les *mille ans de nos antiques grandeurs* tombèrent avec le trône.

On plaçait alors la source des malheurs pu-
blics dans les abus de la noblesse qui, retranchée
dans ses châteaux, luttait avec trop de fierté
contre les prétentions du tiers-état. Certes, les
apologistes de ce parti ne sont pas de l'avis de
M. de Châteaubriant. Ils ne voient que servitude
et injustice dans le règne féodal, et finissent
par accuser l'imprudence des rois, qui avaient
créé la puissance de leurs vassaux. Il faut donc
remonter à l'origine des choses, chercher quel
est le principe des seigneuries; et lorsqu'on
aura prouvé que les Romains avaient aussi

une classe de patriciens, que les héros ont,
dans tous les temps et chez tous les peuples,
reçu de la patrie reconnaissante, des présens
et des honneurs, on ne blâmera plus la gé-
nérosité des rois qui, en donnant des fiefs à
ceux qui s'étaient signalés par leur courage,
avaient élevé leur prépondérance.

Rome et Athènes ajoutaient toujours quelques arpens de terre à une couronne civique.
Si les gouvernemens n'avaient pas récompensé
la valeur, on n'aurait pas eu à redouter l'abus
des récompenses; mais, d'un autre côté, on
n'aurait pas vu tous ces hommes ardens; qui
volaient à la victoire comme des lions. Rome
n'aurait pas eu tant de bons citoyens, si elle
n'eût pas récompensé Publius Agricola. Du-
guesclin, Bayard, Condé, ne se seraient peut-
être pas lancés dans les combats avec autant d'énergie, s'ils n'avaient pas eu un nom à
soutenir. Si d'autres, au lieu d'imiter leur
exemple, ont flétri leur noble origine, ont
profité de leurs prérogatives pour subjuguer
leurs semblables, ces excès ne sauraient re-
tomber sur la munificence royale. Quel est
celui qui eût osé reprocher aux Romains d'a-
voir décerné des honneurs à Mucius Scœvola,

parce que ses enfans en auraient abusé? Sans aller plus loin, que de victoires n'a-t-on pas gagnées! que de conquêtes ne fit pas Bonaparte avec des priviléges, des promesses et des rubans!

La royauté peut être considérée comme collective: elle suppose des agens habiles qui la secondent; il faut que ceux qui sont le plus rapprochés du trône puissent en soutenir l'éclat par leurs richesses. Si, à quelques époques, ceux qui étaient chargés de veiller à la défense de l'Etat, ont tourné leurs forces contre le peuple ou le monarque, ils ne l'ont pas toujours fait impunément. Louis VI réprima l'orgueil de ses vassaux, les chassa de leurs domaines, affaiblit leur autorité en confisquant leurs biens; brisa le joug du peuple, changea la forme du gouvernement, et posa les fondemens d'une sage liberté.

Mais les croisades ramenèrent les priviléges; les gentilshommes se rendirent si orgueilleux et si puissans, qu'ils éludaient toute espèce d'autorité; ils formaient, au besoin, une sainte-alliance contre le roi, et ils auraient fini par se diviser le royaume, si l'invention de la poudre n'était venue au secours de la royauté.

Louis XIV, surtout, mit un frein à la rébellion,
le peuple reprit ses droits ; et, dans le dix-hui-
tième siècle, un mouvement révolutionnaire
suffit pour changer la face du royaume. Dans
d'autres temps, il aurait fallu plusieurs années
pour forcer un château, parce que l'académie
n'avait pas adopté le mot *bombarder*. Il est
donc vrai de dire que les rois de France ont
été les amis du peuple, les véritables protec-
teurs de la liberté. En donnant de pareils
exemples, on relève la majesté du trône, et on
remet la noblesse à sa place. Après cela, on
peut revenir sur nos *antiques grandeurs* ; mais
il ne faut pas, comme nous l'avons dit, en
faire l'apanage de tous les rois, ni de tous les
siècles.

Cependant il faut avouer, avec M. de Châteaubriant, que le trône de France est appuyé
sur des bases solides ; le sceptre était légitime
entre les mains de Juda, et il a été brisé ! La
puissance romaine devenait, aussi, légitime ; les
prodiges de Constantin ne purent empêcher la
ruine de ce colosse ! La nation française, toujours inébranlable, semble se jouer des ravages du temps ; au lieu de craindre sa vétusté,
elle en retire un noble orgueil. Une tempête

avait emporté au-delà des mers les descendans de Louis IX, le calme les a ramenés. Si
le palais de nos rois n'est pas aujourd'hui
une arche flottante, si le déluge qui mena-
çait de l'engloutir n'a pu l'ébranler, c'est à
Louis XVIII qu'appartient la gloire de l'avoir
affermi. Il sut, en entrant en France, opposer
la paix à la guerre, le bon ordre à l'anarchie,
la clémence à la fureur des partis ; il a effacé
les désastres de la révolution, comme Charles X
fera oublier le règne de Charles IX.

L'Europe ne vit pas tomber sans étonnement
l'aigle dont le vol audacieux avait parcouru
tant de régions ; mais quelle sera son émotion
en voyant disparaître un prince, qui, du haut
de son trône, semblait tenir le gouvernail
du monde ; attentif à tous les mouvemens,
prompt à les arrêter, il réconcilia la France
avec les autres nations ! Impénétrable dans
ses desseins, philosophe du premier ordre,
profond politique, nul ne sut mieux que
lui débrouiller le labyrinthe administratif ;
nul ne sut mieux discerner les besoins du peuple, retenir le choc des passions, et soutenir
l'équilibre de la société. Dans un moment où
la France paraissait se ressentir de ses der-

nières secousses, où l'étranger croyait que la bravoure avait cessé d'être avec son héros, Louis fit sortir de ses États une armée de cent mille hommes, et la fit avancer majestueusement dans la vieille Castille. La mort a triomphé de la fermeté de ce monarque! Français, que sa mémoire soit immortelle, que son nom soit dans l'histoire gravé en lettres d'or; que le saule, le laurier et l'olivier croissent à jamais autour de sa tombe; que la cour céleste la protège; et que l'ange qui veille autour de l'Éden porte dans ces lieux son épée flamboyante, pour en défendre l'accès à tout profane.

Je ne pouvais, sans irrévérence, traiter un sujet aussi auguste, sans prendre part à la douleur générale; ma transition m'a donc paru renfermée dans le sujet. Maintenant, suivons le noble pair, présentant ses hommages au nouveau Roi, rappelant à ce prince les usages de ses ancêtres : « Supplions humblement, dit-il, » Charles X d'imiter ses aïeux; trente - deux » souverains de la troisième race ont reçu » l'onction royale. » Est-ce bien le moment de songer à une si brillante cérémonie? Peut-on se représenter l'éclat des tournois le même jour que le chef de l'état succombe? Un roi ne se-

rait-il, suivant M. le Vicomte, qu'un éclatant mé-
téore que l'on oublie lorsqu'il a disparu? Fallait-
il saisir la circonstance et choisir un jour aussi
lugubre ; pour annoncer des choses aussi con-
nues? Son dévoûment à la cause royale pourra-
t-il justifier son empressement ? Le sacre est-il
donc une condition pour monter sur le trône?
Lorsque la personne de Sa Majesté est déclarée
sacrée par la Charte, on peut attendre que le
crêpe qui couvre la France soit levé, pour s'occuper d'une cérémonie aussi imposante.
Les circonstances ont confirmé ce que nous
avançons ; Charles X., qui venait de recevoir
la couronne des mains de son auguste frère,
n'en a pas été ébloui ; placé près du trône,
il n'avait qu'un pas à faire pour y monter,
et il a versé des larmes abondantes lorsqu'il
s'est trouvé dans cette obligation. Le deuil
universel qui doit avoir lieu pendant sept mois,
n'a rien de commun avec l'appareil qui doit
accompagner Charles X à Reims.

Il est facile de voir que M. le vicomte de
Châteaubriant se laisse entraîner par son ar-
dente imagination. Le zèle et l'amour du bien
lui ont même plusieurs fois attiré des disgrâces...
A l'exemple d'Apollon, qu'il prenne la lyre ; s'il

ne peut se transporter sur les bords privilégiés du Meschacebé, il peut cueillir des fleurs sur les rives de la Seine. Qu'il apprenne aux humains à trouver des charmes dans la solitude, à chercher le bonheur dans une heureuse harmonie, dans les sentimens nobles, fixes et durables, à préférer la simplicité de la vie aux rêves d'une fantasque chevalerie, qu'il enchante le public par des révélations ingénieuses : la renommée en rapportera le bruit à la cour, et Châteaubriant, comme Apollon, pourra remonter vers l'Olympe.

FIN.